Dörte Junge-Moldaenke

Kürbis, Kohl & Rote Bete

Das Gemüsekochbuch für alle, Vegetarier, Veganer und Gemüseliebhaber.

COBRA

Dörte Junge-Moldaenke
Die Autorin, Jahrgang 1966, ist seit 25 Jahren in leitender Funktion an der Fachklinik Aukrug (Orthopädie, Psychosomatik und Pneumologie) tätig.
Ihr umfangreiches Wissen über eine vollwertige Ernährung vermittelt Dörte Junge-Moldaenke in vielen Einzel- und Gruppenberatungen sowie Kochkursen.
Aufgrund des regen Interesses veröffentlich sie hier ihr viertes Buch, wieder einmal mit einer Auswahl der beliebtesten Rezepte.
Dörte Junge-Moldaenke wünscht Ihnen viel Spaß beim Studieren des Buches – besonders beim Ausprobieren der vielen leckeren und gesunden Rezepte.

Inhaberin Silke Hars
Rotschenkelweg 8
25813 Husum
Telefon: 0 48 41 – 66 22 866
Telefax: 0 48 41 – 66 22 989
E-Mail: cobraverlag@web.de
Internet: www.cobraverlag.de

Druck und Bindung:
Druckhaus Dräger + Wullenwever, Lübeck
ISBN ISBN 978-3-937580-73-9

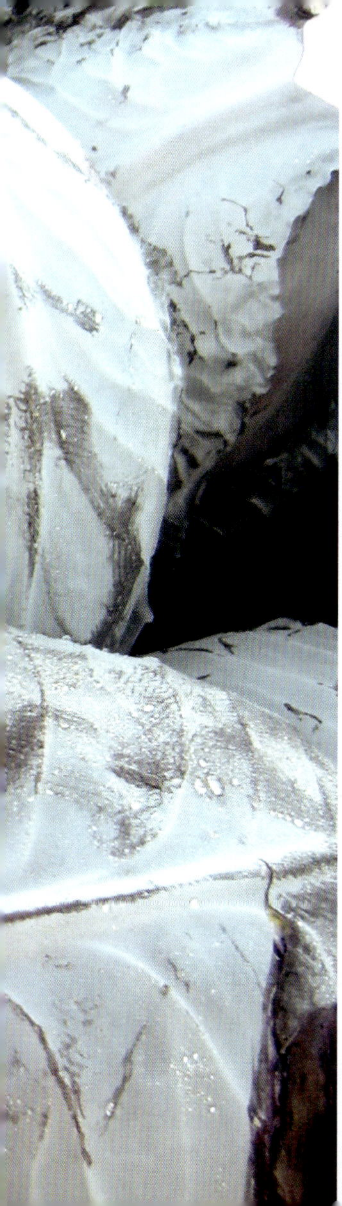

Inhalt

Schwarzwurzelragout

Zutaten:
1 kg Schwarzwurzeln, 1 Stange Porree, 2 EL Öl, 400 ml Gemüsebrühe, 4 EL Mehl, 5 EL Milch (oder Sahne), Salz, Pfeffer, frisch gehackte Petersilie, 4 Blätterteigpasteten

Zubereitung :
Die Schwarzwurzeln mit einem Sparschäler dünn schälen. Es empfiehlt sich, dabei Küchenhandschuhe anzuziehen, denn sie sind sehr klebrig. Sofort in Wasser legen, das mit 2 Eßlöffeln Essig oder Zitrone versetzt wurde, damit die Schwarzwurzeln nicht braun werden. In 4-5 cm große Stücke schneiden. Die Porreestange der Länge nach einschneiden, gründlich waschen und in feine Ringe schneiden. Öl erhitzen, Porree zugeben und leicht anbräunen, Schwarzwuzeln abgießen und zugeben.
Mit der Gemüsebrühe aufgießen und im geschlossenen Topf 20 Minuten kochen.
Das Mehl mit wenig Wasser verrühren, dafür einen Schneebesen verwenden, damit keine Klümpchen darin sind. Mit einem Kochlöffel in die kochende Gemüsebrühe rühren.
2 Minuten kochen lassen. Würzen, abschmecken, mit etwas Milch oder Sahne verfeinern und zu den im Ofen erhitzten Blätterteigpasteten servieren.
Zur Garnierung frisch gehackte Petersilie verwenden.

Tipp:
Dazu schmeckt gebratener Fisch oder Kochschinken, der gewürfelt mit ins Ragout gegeben wird.

Frische Schwarzwurzeln sind bei uns leider nicht sehr bekannt. Meist werden sie aus Konserven verwendet. Jedoch lohnt es sich den Winterspargel, wie die Schwarzwurzeln auch genannt werden, frisch zu verarbeiten, denn sie sind köstlich!
Zusätzlich enthalten die Schwarzwurzeln viele positive Inhaltstoffe. Neben den Vitaminen A, C und E noch einige aus der Gruppe der B-Vitamine. Sie sind reich an Kalium, Magnesium, Kalzium, Phosphor und Eisen. Das in ihnen enthaltene Inulin macht sie zu einer guten Speise für Diabetiker.

Spinat-Torte

Teig:
100 g Margarine, 150 g Magerquark, 150 g Mehl, ½ TL Salz, 1 TL Backpulver

Zu einem geschmeidigen Teig verkneten und in eine mit Backpapier ausgelegte Springform drücken. Einen Rand hochziehen und im Ofen bei 170°
10 Minuten backen.

Füllung:
800 g Blattspinat, 1 Zwiebel, 1 EL Öl, 2 Tomaten,
100 g Käse (30 % Fettgehalt.), 3 Eier, 100 ml Milch, Salz, Pfeffer,
Kreuzkümmel, Knoblauch, Ingwer

Die Zwiebel pellen und in heißem Öl anbraten, Spinat waschen, kleinschneiden und zugeben. 10 Minuten garen, evtl. 2-3 EL Wasser zugeben, würzen und abschmecken. Die Tomaten waschen, vierteln, das Fruchtfleisch entfernen und in kleine Würfel schneiden. Den Käse würfeln, Eier und Milch verrühren und alle Zutaten mischen.
Auf den vorgebackenen Boden geben und im 170° heißen Ofen 40 Minuten backen.

Tipp:
Schmeckt auch sehr gut mit Schafskäse.

Tipp zum Würzen:
Mit einer marokkanischen Gewürzmischung bekommt das Gemüse eine ganz besondere Geschmacksnote.

Möhren-Birnen-Aufstrich

Zutaten:
3 mittelgroße Möhren,
1 Zwiebel,
1 Birne,
2 EL Öl,
2 EL Meerrettich,
Salz,
Pfeffer

Zubereitung:
Die Möhren schälen und grob raspeln. Die Zwiebel pellen und fein würfeln.
Die Birne schälen und in kleine Stücke schneiden.
Das Öl in einer Pfanne erhitzen, Zwiebelwürfel und Möhrenraspel zugeben und 5 Minuten braten, dabei gelegentlich umrühren.
Die Birnenstücke zugeben und weitere 2 Minuten garen.
Sofort in eine Schüssel füllen, damit nichts weiter gart, etwas abkühlen lassen, würzen und abschmecken. Nach dem Erkalten in ein Twist-Off-Glas füllen und im Kühlschrank lagern.
Innerhalb von 5 Tagen verbrauchen.

genüsslich.
Man sollte dem Leib
etwas Gutes bieten
Lust hat
Seele
zu wohnen
sinnlich. lecker. wunderbar. köstlich. mhmmmm...
schmecken. verführeri

Gebratene Rote Bete

Es empfiehlt sich bei der Verarbeitung der Roten Bete Plastikhandschuhe anzuziehen, um rot gefärbten Händen vorzubeugen.

Zutaten:
3 mittelgroße Knollen Rote Bete,
¾ Liter Gemüsebrühe,
3 Eier,
200 g Dinkelmehl,
200 ml Milch,
Salz, Pfeffer, Senf,
Öl zum Braten

Zubereitung:
Die Rote Bete waschen und in der Gemüsebrühe 10 Minuten kochen.
Abkühlen lassen, dünn schälen und in 1 cm dicke Scheiben schneiden.
Mit dem elektrischen Handrührgerät aus Eiern, Mehl, Milch, Salz, Pfeffer und Senf einen Teig rühren. Der Teig sollte kräftig gewürzt sein.
Die Rote Bete Scheiben in dem Teig wenden und im heißen Öl von beiden Seiten goldbraun braten. Die ersten Scheiben warm halten, bis alle fertig sind und gemeinsam gegessen werden können.

Tipp:
Schmeckt sehr gut zu einem würzigen Quark mit Kapern und Pellkartoffeln. Aber auch sehr gut zu Königsberger Klopsen oder gekochtem Rindfleisch mit Meerrettichsoße.

Lauch-Pizza

Teig:
200 g Magerquark, 5 EL Milch, 7 EL Öl,
1 TL Salz, 2 Eier, 400 g Mehl, 1 Tüte Backpulver

Alle Zutaten verkneten, dünn ausrollen und auf ein mit Backpapier belegtes Blech legen.

Belag:
2 kg Lauch, 4 EL Öl, 100 g Kürbiskerne, 3 Knoblauchzehen, Salz, Pfeffer, Majoran, Oregano, Thymian, 200 g Käse (Gouda oder Emmentaler)

Den Lauch putzen, der Länge nach einritzen, gründlich waschen und in feine Stücke schneiden. Die Knoblauchzehen pellen, fein hacken und zum Lauch geben. Das Öl erhitzen, das Gemüse zugeben und im offenen Topf unter Rühren ca. 15 Minuten garen, kräftig würzen, abschmecken und auf den vorbereiteten Teig verteilen.
Den Käse darauf verteilen und bei 170° 40 Minuten im Ofen backen.

Würztipp:
Schmeckt auch köstlich mit anderen Gewürzen wie z.B. Curry, Kurkuma, Senf und Kreuzkümmel

Rübenpuffer mit Meerrettichquark

Zutaten:
500 g Steckrübe (geputzt gewogen),
500 g Kartoffeln (geschält gewogen),
1 Ei,
1 EL Vollkornmehl,
Salz, Pfeffer, Piment,
Öl zum Braten

Zubereitung:
Steckrübe und Kartoffeln fein raspeln, mit den übrigen Zutaten vermengen und in heißem Öl von beiden Seiten knusprig braten.
Die fertigen Puffer warm stellen, bis alle fertig gebraten sind.

Für den Quark:
250 g Quark,
2-3 EL Sahnemeerrettich,
6 EL Milch oder Sahne,
Salz, Pfeffer

Zubereitung:
Mit dem Schneebesen gut verrühren, abschmecken und zu den Puffern servieren. Dazu schmeckt Räucherfisch, wie z.B. geräucherte Forelle, sehr gut!

Variation:
Die Rübenpuffer schmecken auch gut mit Apfelkompott und Zimtzucker.
Würztipp:
Zu allen Steckrübengerichten schmeckt Piment sehr gut.

Warmer Rosenkohlsalat

Zutaten:
800 g Rosenkohl,
¼ Liter Gemüsebrühe,
3 EL Essig,
4 EL Öl,
1 kleine Zwiebel,
Salz,
Pfeffer,
Schnittlauch

Zubereitung:
Den Rosenkohl putzen, waschen und in der Gemüsebrühe 15 Minuten kochen. In der Zwischenzeit für das Dressing Essig, Öl, Salz und Pfeffer in einen Messbecher geben. Die Zwiebel pellen, fein würfeln und hinzugeben. Den Rosenkohl abgießen, dabei etwa 100 ml von der Brühe zum Dressing geben. Den Rosenkohl wieder in den Topf geben. Das Dressing darüber gießen, den Deckel wieder auf den Topf geben und an einem warmen Ort (nicht auf der Herdplatte) 10 Minuten ziehen lassen. Mit geschnittenem Schnittlauch bestreut servieren.

Tipp:
Durch das Dressing verliert der Kohl seine Herbheit und selbst Menschen, die keine Rosenkohlfans sind, mögen ihn in dieser Zubereitungsform.

Gefüllte Champignons

Zutaten:
400 g Champignons,
1 kleine Zwiebel,
100 g Schafskäse,
100 g Magerquark,
Salz, Pfeffer,
frische Kräuter, z.B. Basilikum, Schnittlauch,
50 g Parmesan

Zubereitung:
Die Champignons waschen, den Stiel entfernen und auf ein mit Backpapier belegtes Blech setzen. Für die Füllung die Stiele der Pilze und die Zwiebel fein würfeln, mit Quark, Schafskäse, Kräutern und Gewürzen mischen und abschmecken. Die Füllung auf die Pilze verteilen und den Parmesan darüber raspeln.
Im Ofen bei 170 ° C 12-15 Minuten backen.

Tipp:
Von der Füllung die doppelte Menge herstellen und in den nächsten Tagen als Brotaufstrich verwenden.

Schwarzaugenbohnen als Gemüsebeilage

Zutaten:
100 g Schwarzaugenbohnen,
2 Zwiebeln,
2 Knoblauchzehen,
2 TL Öl,
2 gelbe Paprikaschoten,
2 Tomaten,
150 ml Gemüsebrühe,
4 EL Tomatenmark,
Salz,
Pfeffer,
Paprika,
Frische Minze

Zubereitung:
Die Schwarzaugenbohnen mindestens 12 Stunden in kaltem Wasser einweichen. Das Wasser abgießen, mit frischem Wasser zum Kochen bringen, 40 Minuten kochen und abgießen.
Zwiebeln und Knoblauch pellen, fein würfeln und im heißen Öl glasig dünsten. Paprika und Tomaten putzen, waschen, klein schneiden und zugeben. Gemüsebrühe aufgießen und 10 Minuten kochen lassen. Tomatenmark unterrühren, würzen, abschmecken und mit etwas frischer Minze als Garnitur servieren.

Tipp:
Wenn es ganz schnell gehen soll, gegarte Schwarzaugenbohnen aus dem Glas verwenden.

Einkaufen:
Hülsenfrüchte gibt es in sehr großer Auswahl in türkischen Geschäften. Meist recht preiswert und dazu noch sehr frisch, weil es in der türkischen Küche noch viel üblicher ist als bei uns, Hülsenfrüchte zu verwenden.

Bohnen-Curry-Salat

Zutaten:
500 g frische Bohnen,
Wasser,
Salz,
250 g Zwiebeln,
2 EL Öl,
2 EL Curry,
1 EL Zucker,
100 ml Gemüsebrühe,
1 EL Mehl,
80 ml Weinessig,
Salz,
Pfeffer

Zubereitung:
Die Bohnen waschen, putzen, in Stücke schneiden und 20 Minuten in Salzwasser kochen. Auf einem Durchschlag abtropfen lassen.
Die Zwiebeln pellen und in halbe Ringe schneiden. Das Öl erhitzen, die Zwiebeln darin glasig dünsten, den Curry zugeben und 2 Minuten mitgaren. Gemüsebrühe und Zucker zugeben und aufkochen. Mehl und Essig mit einem Schneebesen verrühren und an die Zwiebelmasse rühren.
Aufkochen lassen und mit Salz und Pfeffer würzen.
Mit den Bohnen mischen.
Der Salat schmeckt lauwarm oder kalt.
Er hält sich im Kühlschrank lange frisch.

Sellerie im Knuspermantel

Zutaten:
½ Sellerieknolle,
2 Eier,
100 g Dinkelmehl,
150 g Paniermehl,
Salz,
Pfeffer,
Delikata (Gewürzmischung für Gemüse, Reformhaus),
Öl zum Braten

Zubereitung:
Die Sellerieknolle putzen, waschen, halbieren und in 1 cm dünne Scheiben schneiden. Das Mehl auf einen Suppenteller geben. Die Eier in einen weiteren Suppenteller geben, würzen und mit einem Schneebesen gut verrühren.
Das Paniermehl auf einen weiteren Suppenteller geben.
Die Gemüsescheiben nacheinander in Mehl, Ei und Paniermehl wenden.
Anschließend im heißen Öl von beiden Seiten bei mittlerer Hitze goldgelb braten. Sofort servieren.
Wenn etwas übrig bleibt: Sie schmecken auch kalt sehr gut.

Tipp:
Wichtig ist, dass die Scheiben dünn geschnitten sind, damit sie beim Braten etwas garen, aber noch bissfest sind. Möchten Sie die Sellerieschnitzel etwas dicker schneiden, so empfiehlt es sich, sie in Gemüsebrühe etwa 5 Minuten vorzukochen.

Variation:
Das gleiche Rezept funktioniert auch mit anderen Gemüsesorten. Wird ein weicheres Gemüse wie z.B. Zucchini verwendet, empfiehlt es sich, die Gemüsescheiben 2 cm dick zu schneiden, damit sie nicht zu weich werden.

Blumenkohlsuppe mit Petersilienklößchen

Zutaten:
1 Blumenkohl (ca. 750 g), 1 Zwiebel, 1 EL Öl,
750 ml Gemüsebrühe, 200 ml Milch, Salz, Pfeffer

Zubereitung:
Die Zwiebel pellen, würfeln und in heißem Öl anschwitzen. Den Blumenkohl putzen und in Röschen zerteilen. Zu den Zwiebelwürfeln geben, mit der Brühe auffüllen und im geschlossenen Topf 20 Minuten kochen lassen. Einige Blumenkohlröschen mit der Schaumkelle herausnehmen. Den restlichen Inhalt des Topfes pürieren, Milch zugeben, würzen und abschmecken.

Petersilienklößchen

Zutaten:
60 g Margarine, 1 Ei, 1 Eigelb, 60 g Mehl, Salz, Pfeffer, Muskat,
frisch gehackte Petersilie, 1 ½ Liter Brühe zum Garen

Zubereitung:
Margarine schaumig schlagen, Ei und Eigelb unterrühren, dann das Mehl unterrühren, würzen und die Petersilie unterrühren.
Mit 2 Teelöffeln Klöße abstechen und in die nicht mehr kochende Brühe geben. Nach 5 Minuten schwimmen die Klöße oben und sind gar. Mit einer Schaumkelle aus der Brühe nehmen.
Klöße und Blumenkohlröschen auf die Suppenteller verteilen, die heiße Suppe darauf geben und servieren.

Rotkohlrohkost mit Orangen und Walnüssen

Zutaten:
500 g Rotkohl (ohne Strunk und Außenblätter),
1 kleine Zwiebel,
4 EL Essig (bei mildem Balsamico 2 EL mehr),
4 EL Öl,
1 EL Honig,
Salz, Pfeffer

Zubereitung:
Die Zwiebel pellen und fein würfeln. Den Rotkohl mit der Küchenmaschine fein raspeln. Alle Zutaten in die Küchenmaschine mit Knethaken geben, 20 Minuten kneten lassen, abgedeckt kühl stellen und mindestens 12 Stunden ziehen lassen. Abschmecken und eventuell nachwürzen.

2 Orangen,
50 g Walnusshälften

Die Orangen filetieren, die halben Orangenfilets und die Hälfte der Nüsse unterheben. Den Rest zur Garnierung verwenden.

Variation:
Die Orangen durch Äpfel ersetzen und statt Nüssen Rosinen verwenden, die nach Möglichkeit einige Stunden in Orangensaft eingeweicht wurden.

Möhren-Orangen-Kuchen

Zutaten:
4 Eier,
1 Becher Zucker,
1 Becher Öl,
1 Becher pürierte Möhren,
1 Orange,
3 Becher Mehl,
1 TL Natron,
1 ½ TL Backpulver

Zubereitung:
Eier und Zucker schaumig schlagen. Die Orange gut waschen, abtrocknen und die Schale fein reiben. Dann durchschneiden und auspressen. Beides unter das Eier-Zucker-Gemisch rühren. Nach und nach alle weiteren Zutaten einrühren. Den Teig in eine beschichtete Gugelhupfform füllen und bei 170 ° C 60 Minuten backen.
In der Form erkalten lassen und dann auf einen Kuchenteller stürzen. Dafür eventuell am Rand mit einem Messer vorsichtig von der Form lösen.

Schokoladenguss:
1 Dose Kondensmilch (ungezuckert), 2 EL Kakaopulver,
1 EL Zucker, 1 EL Butter

Zubereitung:
In einen Kochtopf geben und unter Rühren aufkochen lassen. Einige Minuten kochen lassen, damit der Schokoguss etwas einkocht und dann den Kuchen damit bepinseln.

Pfifferlingstaschen

Zutaten:
600 g Pfifferlinge, 1 Zwiebel,
1 EL Öl, Salz, Pfeffer

Zubereitung:
Die Pilze putzen, waschen und die großen Exemplare klein schneiden.
Die Zwiebel pellen und würfeln. Beides in heißem Öl 5 Minuten braten.

Quark-Öl-Teig:
250 g Quark, 10 EL Milch, 10 EL Öl, 1 TL Salz,
½ TL Brotgewürz, 1 Tüte Backpulver, 400 g Mehl

Zubereitung:
Alle Zutaten verkneten, etwa ½ cm dick ausrollen und mit einer Tasse Kreise ausstechen. In die Mitte etwas von den Pfifferlingen geben, den Rand freilassen und mit verquirltem Eigelb bepinseln.
Einen 2. Teigkreis darauf setzen, mit einer Gabel etwas festdrücken, auf ein mit Backpapier belegtes Blech setzen und mit Eigelb bepinseln.
Bei 175 ° C im Ofen 20-25 Minuten backen.
Schmecken warm oder kalt und sind ideal für ein Büffet.

Überbackener Fenchel

Zutaten:
4 Fenchelknollen,
1 Liter Gemüsebrühe,
8 Cherrytomaten,
4 Eier,
150 ml Milch,
4 EL Haferflocken,
Salz, Pfeffer, Kurkuma,
Fenchelkraut,
80 g Käse (z.B. Emmentaler)

Zubereitung:
Die Fenchelknollen waschen , halbieren, den Strunk entfernen und 10 Minuten in der Gemüsebrühe kochen. Aus der Flüssigkeit nehmen und in eine ofenfeste Form geben. Die Tomaten waschen und dazugeben. Die Eier mit der Milch, den Haferflocken, Gewürzen und dem feingehackten Fenchelkraut verrühren und über das Gemüse geben. Den Käse darüber verteilen und bei 170 ° C 20 Minuten backen.

Tipp:
Schmeckt auch vorzüglich ohne Käse, dann können 1-2 Eier zusätzlich verwendet werden.

Brokkolisalat mit Schafskäse

Zutaten:
500 g Brokkoli,
¼ Liter Gemüsebrühe,
1 rote Zwiebel,
1 Gewürzgurke,
100 g Schafskäse,
50 g Mais

Dressing:
300 g Joghurt,
50 g Remoulade,
Salz, Pfeffer,
Petersilie

Zubereitung:
Den Brokkoli abspülen, die Röschen abschneiden und in der kochenden Brühe 10 Minuten kochen. Auf einen Durchschlag geben, abtropfen und abkühlen lassen.
Die Zwiebel pellen und fein würfeln.
Die Gewürzgurke und den Schafskäse würfeln.
Für das Dressing alle Zutaten miteinander verrühren und abschmecken.
In einer Salatschüssel alle Zutaten anrichten und das Dressing darüber gießen.

Tipp:
Dieser Salat eignet sich gut als Brotbelag. Dann sollten alle Zutaten etwas kleiner geschnitten werden.

Super gesund:
Brokkoli sollten Sie mindestens einmal pro Woche essen. Denn der sogenannte Spargelkohl liefert viel Carotin, Vitamin C und die Mineralstoffe Eisen, Kalium und Kalzium. Brokkoli ist eine der kalziumreichsten Gemüsesorten. Außerdem hat er pro Portion (250 g) nur 55 Kalorien.

Bohnen-Bratlinge

Zutaten:
150 g weiße Bohnen,
Wasser,
1 Zwiebel,
10 Oliven,
Majoran,
Oregano,
Thymian,
Salz,
Pfeffer,
Öl zum Braten

Zubereitung:
Die Bohnen 24 Stunden in reichlich Wasser einweichen, abgießen und pürieren. Die Zwiebel pellen und fein würfeln, die Oliven klein schneiden. Alles mit Kräutern und Gewürzen vermengen. Mit den Händen kleine, flache Bratlinge formen oder mit zwei Eßlöffeln den Teig in die heiße Pfanne geben und sofort flachdrücken. Von beiden Seiten goldbraun braten.
Schmeckt zu sämtlichen Beilagen warm oder kalt.

Tipp:
Sehr lecker als Füllung für ein Vollkornbrötchen. Das Brötchen mit Streichfett, Frischkäse oder Senf bestreichen, mit Salat und Gurkenscheiben belegen und dann den Bohnen-Bratling daraufgeben.

Zucchini-Kuchen mit Haselnussguss

Zutaten:
3 Eier, 180 g Zucker, 125 ml Öl, ½ TL Zimt, 200 g gemahlene Haselnüsse, 150 g Weizenvollkornmehl, 150 g Weizenmehl, 1 TL Backpulver, 2 TL Natron, 3 kleine ungeschälte Zucchini

Zubereitung:
Eier und Zucker schaumig schlagen, Öl, Zimt und Nüsse unterrühren. Backpulver und Natron mit dem Mehl mischen und unterrühren. Die Zucchini waschen, Enden abschneiden, grob raspeln und unter den Teig rühren. In eine beschichtete Kastenform geben und bei 170 ° C 50 - 55 Min. backen, auskühlen lassen, stürzen und auf einer Platte servieren.

Haselnussguss:
1 Becher Puderzucker,
2 EL Haselnussmus (im Reformhaus erhältlich),
2 EL Wasser
mit einem Schneebesen gut verrühren und den Kuchen damit bepinseln.
Es ist ein saftiger Kuchen, der sich lange frisch hält. Wenn Gäste kommen, serviere ich ihn gern mit einer Kugel Vanilleeis und Schlagsahne.
Ein kleiner Tipp: der Kuchen ist gut geeignet, um ihn für ein Picknick mitzunehmen!
Dann lasse ich den Haselnussguss weg, dann schmeckt er auch noch lecker fruchtig und ist nicht klebrig in der Hand.

Krautsalat mit Erdnüssen

Zutaten:
300 g Weißkohl,
½ TL Salz,
2 EL Öl,
1 EL Essig,
1 TL Senf

Dressing:
50 g Joghurt, natur,
2 EL Erdnussmus (Reformhaus),
½ Zitrone,
½ TL Zucker

Zubereitung:
Den Weißkohl feinschneiden, mit den Zutaten mischen und 20 Minuten in der Küchenmaschine durchkneten lassen. Joghurt, Saft der Zitronenhälfte, Erdnussmus und Zucker unterkneten.

Weitere Zutaten:
½ roter Apfel,
einige Erdnusskerne

Den Apfel waschen, vierteln, vom Kerngehäuse befreien, kleinschneiden und gemeinsam mit den Erdnüssen zum Salat geben.

Orientalischer Tomatensalat

Zutaten:
100 g Taboule (Couscous mit Kräutern und Gewürzen),
150 ml kochendes Wasser,
½ Bund Frühlingszwiebeln,
300 g kleine Flaschentomaten,
glatte Petersilie,
frische Minze

Dressing:
½ Zitrone,
2 EL Öl,
Salz,
Pfeffer

Zubereitung:
Taboule mit dem kochendem Wasser übergießen und 10 Minuten quellen lassen. Die Frühlingszwiebeln putzen, waschen und kleinschneiden. Die Tomaten waschen und der Länge nach halbieren. Kräuter waschen, hacken und alle Zutaten miteinander mischen.
Für das Dressing die Zitronenhälfte auspressen, mit den übrigen Gewürzen zum Salat geben, mischen und abschmecken.

Kürbiskuchen

Zutaten:
4 Eier, 2 Tassen Zucker, 2 TL Zimt,
1 Becher Kürbiskernöl (oder anderes Öl),
1 Becher gekochten, pürierten Kürbis,
1 Becher gemahlene Mandeln, 2 Becher Weizenvollkornmehl,
1 ½ TL Backpulver, 1 ½ TL Natron

Guss:
300 g Frischkäse (z.B. Philadelphia), 2 TL Margarine,
4 TL Puddingpulver, Vanille, 2 Tassen Puderzucker, 3 EL Milch

Zubereitung:
Eier, Zucker und Zimt einige Minuten schaumig schlagen, restliche Zutaten unterrühren und den Teig auf ein mit Backpapier belegtes Blech gießen.
Glattstreichen und bei 165 ° C 25-30 Min. backen.
Die Zutaten für den Guss mit dem elektrischen Handrührgerät cremig schlagen und auf den heißen Kuchen gleichmäßig verstreichen.

Garnitur:
50 g gehackte Pistazien gleichmäßig über den Guss streuen.
Den Kuchen im Kühlschrank lagern.

Gurkensalat mit Zitrone

Zutaten:
Saft von 2 Zitronen,
1 EL Wasser,
2 EL Öl,
1 kleine Zwiebel,
2 Salatgurken,
Je 1 Prise Pfeffer und Salz,
4 TL Ahornsirup oder ein anderes Süßungsmittel,
frischen Dill,
Zitronenmelisse und Schnittlauch

Zubereitung:
Die Zitronen auspressen und den Zitronensaft mit Wasser, Öl und den Gewürzen in einer großen Schüssel mischen. Zwiebel pellen und würfeln, Kräuter kleinschneiden und zugeben, alles gut vermischen.
Die Gurken waschen, Enden abschneiden und mit der Küchenreibe direkt ins Dressing schneiden.
Alles gut vermischen und mindestens 1 Stunde durchziehen lassen, abschmecken und evtl. nachwürzen .
Je nach Ergiebigkeit der Zitronen und nach Wahl des Süßungsmittels kann ein Nachwürzen erforderlich sein.

Zwiebel-Walnuss-Aufstrich

Zutaten:
150 g Zwiebeln,
2 Knoblauchzehen,
1 TL Öl,
40 g Walnüsse,
½ TL Gemüsebrühe,
1 TL Majoran,
Salz,
Pfeffer,
100 g körnigen Frischkäse,
Frische Kräuter nach Wahl z.B. Schnittlauch

Zubereitung:
Zwiebeln und Knoblauch schälen und fein würfeln. Das Öl erhitzen und das Gemüse darin glasig dünsten. Die Walnüsse fein hacken, zugeben und weitere 2 Minuten braten. Brühe, Majoran, Salz und Pfeffer zugeben und abkühlen lassen.
Den körnigen Frischkäse und fein geschnittenen Schnittlauch unterheben und abschmecken. Bei Bedarf nachwürzen, denn kräftig gewürzt schmeckt der Aufstrich besonders gut.
In vorbereitete Twist-Off-Gläser füllen, im Kühlschrank lagern und innerhalb von 5 Tagen verbrauchen.

Veränderung:
Die Walnüsse durch Haselnüsse, Erdnüsse, Cashewkerne, Pistazien oder Mandeln ersetzen.

Zucchinicremesuppe ** sehr schnell und einfach*

Zutaten:
2 Zwiebeln,
2 EL Öl,
1 TL Curry,
1 TL Kurkuma,
600 g Zucchini,
1 Liter Gemüsebrühe,
Pfeffer,
Salz

Zubereitung:
Das Öl in einem Suppentopf erhitzen. Die Zwiebeln pellen, grob würfeln und ins Öl geben, Curry und Kurkuma zugeben und ca. 3 Min. anschwitzen.
Die Zucchinis waschen, Enden abschneiden und in grobe Stücke schneiden. Zucchinistücke hinzugeben, mit der Gemüsebrühe auffüllen und auf kleiner Flamme 20 Minuten kochen lassen. Von der Herdplatte ziehen und pürieren. Mit Salz und Pfeffer würzen und abschmecken. Dazu Vollkornbrot reichen.

Variation:
Würstchen in Stücke schneiden und in die heiße Suppe geben.

Tipp:
Kurkuma gehört zu den gesündesten Gewürzen. Es hat kaum Eigengeschmack, daher wird es hauptsächlich zur Gelbfärbung von Lebensmitteln verwendet.
Jede Currymischung enthält Kurkuma.
Die krebshemmende Wirkung des Kurkumas kommt hauptsächlich vom Bestandteil Curcumin.

Die tägliche Zugabe eines Teelöffels Kurkuma zu Suppen, Salatsoßen oder Nudelgerichten stellt eine einfache Methode dar, um eine für die Krebsprävention ausreichende Menge Curcumin zu sich zu nehmen.

Die „Helle Soße“

Zutaten:
300 g Knollensellerie,
1 Zwiebel,
1 Knoblauchzehe,
¼ Liter Gemüsebrühe,
50 ml Milch,
1 EL Haselnussmus (Reformhaus) oder feingemahlene Haselnüsse,
Salz,
Pfeffer,
frischer Liebstöckel

Zubereitung:
Sellerie putzen, waschen und grob würfeln. Die Zwiebel und den Knoblauch pellen und würfeln. Das Gemüse in einen Topf geben, mit der Gemüsebrühe aufgießen, aufkochen lassen und 25 Minuten auf kleiner Flamme kochen lassen. Es sollte so viel Brühe aufgegossen werden, dass das Gemüse gut bedeckt ist. Den Topf von der Herdplatte ziehen und das Gemüse pürieren. So viel Milch einrühren, bis die gewünschte Konsistenz erreicht ist. Nussmus und Gewürze zugeben und abschmecken.
Die Soße passt zu Kartoffeln, Reis oder Nudeln. Mir schmeckt sie besonders gut zu Vollkorn-Bandnudeln.

Die „Grüne Soße“

Zutaten:
½ Bund Frühlingszwiebeln,
1 Zucchini (ca. 250 g),
100 g Erbsen,
250 ml Gemüsebrühe,
Salz,
Pfeffer,
frische Kräuter nach Wahl z.B. Petersilie

Zubereitung:
Die Frühlingszwiebeln putzen, waschen und etwas kleinschneiden.
Die Zucchini waschen, Enden entfernen und grob würfeln. Die Erbsen waschen. Das vorbereitete Gemüse in einen Topf geben, mit der Brühe auffüllen, aufkochen lassen und auf kleiner Flamme 25 Minuten kochen lassen. Das Gemüse sollte knapp mit Brühe bedeckt sein.
Von der Herdplatte ziehen und pürieren. Würzen und abschmecken.
Die Soße passt zu Reis, Kartoffel oder Nudeln.
Mir schmeckt sie zu Reis besonders gut.

Paprika-Brotaufstrich

Zutaten:
1 rote Paprikaschote, 1 gelbe Paprikaschote, 1 Gemüsezwiebel,
1 Knoblauchzehe, 1 EL Öl, 1 EL Wasser, 2 gehäufte EL Tomatenmark,
¼ TL Sambal Olek, ½ EL Thymian, getrocknet, ½ EL Oregano, getrocknet,
Salz, Pfeffer

Zubereitung:
Die Paprikaschoten vierteln, Innenhäute und Kerne entfernen, waschen und würfeln. Die Zwiebel pellen, halbieren und fein würfeln.
Das Öl erhitzen, das vorbereitete Gemüse zugeben und 2 Minuten anbraten.
Wasser zugeben und 6 Minuten dünsten. Tomatenmark unterrühren.
Würzen, abschmecken und nach dem Erkalten in Twist-Off-Gläser füllen.
Im Kühlschrank lagern und innerhalb von 5 Tagen verbrauchen.

Anmerkung:
Im Sommer verwende ich frische Kräuter statt der getrockneten Kräuter.
Wer diesen Aufstrich in größerer Menge zubereiten möchte, weil eine Party oder ein Familienfest ansteht, kann es sich etwas einfacher machen, indem er das Gemüse grob würfelt und nach dem Garen mit dem Pürierstab zerkleinert.

Rosenkohlgratin

Zutaten:
1 kg Rosenkohl,
350 ml Gemüsebrühe,
150 g Schinkenwürfel,
150 g geraspelten Käse (30 % Fett in Trockenmasse),
150 ml Milch,
100 ml Sahne,
2 Eier,
Pfeffer,
50 g Mandelblätter,
evt. einige Butterflöckchen

Zubereitung:
Den Rosenkohl putzen, am Strunk kreuzweise einschneiden und in der Gemüsebrühe 10 Minuten kochen. Auf einem Durchschlag gut abtropfen lassen. Milch, Sahne, Eier und Pfeffer mit einem Schneebesen gut verrühren und mit den Schinkenwürfeln und dem geriebenen Käse mischen. Den Rosenkohl auf 4 tiefe Teller verteilen, die Schinken-Käse-Mischung gleichmäßig auf alle Teller verteilen und mit den Mandelblättchen bestreuen. Nach Belieben einige Butterflöckchen daraufsetzen.
Bei 180 ° C 25 Minuten backen.
Es ist wichtig, dass Platzteller verwendet werden, damit sich niemand am heißen Teller verbrennt.

Veränderung:
Den Gratin in einer großen Auflaufform backen verlängert die Garzeit auf 35-40 Minuten.

Grünkohl mit Walnusskruste

Zutaten:

750 g Grünkohl,
1 Zwiebel,
2 EL Pflanzliches Schmalz mit Zwiebeln,
¼ Liter Gemüsebrühe,
2 EL Haferflocken,
600 g Kartoffeln,
250 g Soja Cuisine (ersatzweise Sahne),
200 g Frischkäse,
Salz,
Pfeffer,
frischen Schnittlauch,
40 g Margarine,
75 g gemahlene Walnüsse,
2 EL Paniermehl

Zubereitung:

Den Grünkohl putzen, waschen, kleinschneiden und 5 Minuten in reichlich kochendem Wasser blanchieren. Abgießen. Die Zwiebel pellen, würfeln und im heißen Schmalz anrösten. Grünkohl zugeben, Brühe auffüllen und 25 Minuten im geschlossenen Topf kochen lassen. Haferflocken einstreuen, kräftig würzen und abschmecken.

Kartoffeln schälen, waschen und in Salzwasser 20 Minuten garen. Abgießen. Aus Soja Cuisine und Frischkäse eine Soße herstellen, indem beides mit dem Schneebesen verrührt und gleichzeitig erwärmt wird. Kräftig mit Salz, Pfeffer und Schnittlauch würzen. Kartoffeln in Scheiben schneiden und in die Soße geben.

Eine Auflaufform mit der Kartoffelmasse bestücken. Den Grünkohl mit einer Schaumkelle aus dem Topf nehmen und darauf geben.

Margarine schmelzen, gemahlene Nüsse und Paniermehl unterrühren.

Die Walnussbrösel gleichmäßig den Grünkohl verteilen und in den heißen Ofen stellen. Bei 170 ° 20 Minuten backen.

Tipp:
Gut geeignet, wenn Grünkohl vom Vortag übrig geblieben ist.
Beliebt bei Vegetariern!

Möhren in Kokosmilch

Zutaten:
1 Zwiebel,
1 EL Öl,
1 EL Curry,
2 EL Kurkuma,
500 g Möhren,
1 Dose Kokosmilch (400 ml),
Salz,
Pfeffer,
100 g Mais,
1 Banane,
Petersilie

Zubereitung:
Die Zwiebel pellen und würfeln. Das Öl erhitzen und die Zwiebel darin anschwitzen, Curry zugeben und kurz mitgaren. Die Möhren schälen, in Scheiben schneiden, zugeben und die Kokosmilch aufgießen. Kurkuma unterrühren und auf kleiner Hitze im offenen Topf 25 Minuten kochen lassen. Dabei kocht die Kokosmilch etwas ein und ergibt eine schöne Soße.
Mit Salz und Pfeffer würzen und abschmecken. Mais zugeben, die Banane von der Schale befreien, in Scheiben schneiden und unterheben. Vorsichtig umrühren, damit alle Zutaten heiß werden. Die Petersilie waschen und hacken und zur Garnierung verwenden.

Tipp:
Reis schmeckt sehr gut dazu.

Herbstliche Gemüsepfanne

Zutaten:

200 g Schalotten,
200 g Möhren,
200 g Pastinaken,
200 g Rote Bete,
200 g Roter Mangold,
4 EL Öl,
Salz,
Pfeffer,
Kurkuma,
Koriander,
Kreuzkümmel,
Ingwer,
Muskat,
Nelken,
Kardamom,
nach Belieben Knoblauch

Zubereitung:

Das Gemüse putzen, waschen und die Möhren, Pastinaken und Rote Bete schälen. Alles außer dem Mangold in große Stücke schneiden und in heißem Öl anbraten. Es eignet sich ein großer Topf sehr gut dazu, damit alles hineinpasst und beim Umrühren nichts herausfällt. Nach 15 Minuten den in Streifen geschnittenen Mangold hinzugeben und weitere 5 Minuten garen. Würzen und abschmecken.
Kräuterquark schmeckt sehr gut dazu!

Tipp:

Wird das Gemüse klein geschnitten, halbiert sich die Garzeit. Am besten zwischenzeitlich eine Garprobe machen, damit das Gemüse die gewünschte Konsistenz erhält.

Rote Linsensuppe mit Schafskäse

Zutaten:
1 Zwiebel,
1 Knoblauchzehe,
2 EL Öl,
1 EL Curry,
4 EL Tomatenmark,
250 g rote Linsen,
1 Liter Gemüsebrühe,
Paprika,
Kreuzkümmel,
Salz,
Pfeffer,
200 g Schafskäse,
gehackte Kräuter

Zubereitung:
Die Zwiebel und die Knoblauchzehe pellen und fein hacken. Das Öl erhitzen und beides darin anschwitzen.
Curry zugeben und kurz mit anbraten. Linsen und Tomatenmark hinzufügen, die Brühe aufgießen und alles auf kleiner Hitze 40 Minuten im geschlossenen Topf kochen lassen.
Mit den Gewürzen abschmecken und direkt vor dem Servieren die Schafskäsewürfel und die gehackten Kräuter über die Suppe streuen.

Mangold-Nudeln mit Garnelen

Zutaten:
500 g Mangold,
500 g Dinkelnudeln,
2 Liter Gemüsebrühe,
250 g tiefgefrorene Garnelen,
4 EL Öl,
Salz,
Pfeffer,
Muskat,
Parmesan

Zubereitung:
Den Mangold waschen und in Streifen schneiden.
Die Brühe zum Kochen bringen, Mangold und Nudeln zugeben und 12 Minuten kochen lassen.
Dann auf einem Durchschlag abgießen, dabei 4 EL der Brühe auffangen.
Die Garnelen nach Packungsanweisung braten (ca. 8 Minuten).
Nudel-Mangold-Mischung mit Öl, Brühe, Salz, Pfeffer und Muskat mischen und abschmecken.
Auf 4 Teller anrichten und die Garnelen darauf verteilen.
Parmesan in dünne Streifen schneiden und darübergeben.

Weitere interessante Bücher aus dem Cobra Verlag - www.cobraverlag.de

Wickeltorte, Wolkentraum & Heinke`s Möwenschiss
Tortenrezepte € 6,90
ISBN 978-3-937580-62-3

Apfelstuten, Labskaus & Würziger Ritter
Rezepte mit Ei € 6,90
ISBN 978-3-937580-64-7

Amrum
Rezepte aus der Inselküche
ISBN 978-3-937580-47-0
€ 6,90

Flensburg
Rezepte aus der Küstenküche
ISBN 978-3-937580-68-5
€ 6,90

Angeln **€ 6,90**
Rezepte aus der Küstenküche
ISBN 978-3-937580-74-6

Bauernfrühstück, Kohlpudding & Grießklüten **€ 5,90**
Rezepte aus der Küstenküche
ISBN 978-3-937580-54-8

Sylt
Rezepte aus der Inselküche
ISBN 978-3-937-580-40-1
€ 6,90

Friesentorte, Futjes & Fraukes Teekekse **€ 5,90**
Torten und Kekse
aus der Küstenküche
ISBN 978-3-937580-32-6

Eiergrog, Krabbenbutter & Weinsuppe **€ 5,90**
Rezepte aus der Küstenküche
ISBN 978-3-937580-36-4

Pharisäertorte, Teepunsch & Schwiegermutterkuchen
ISBN 978-3-937580-71-5
€ 6,90

Föhr
Rezepte aus der Inselküche
ISBN 978-3-937580-53-1
€ 6,90

Vun Sööt bit Suur
Rezepte von der Küste
ISBN 978-3-937-580-00-5
€ 5,90

Lammrezepte
ISBN 978-3-937580-46-3
€ 4,90

Mehlbeutel, Matjes & mehr
Rezepte aus der Küstenküche
ISBN 978-3-937580-33-3
€ 5,90

Fischrezepte
ISBN 978-3-937580-19-7
€ 4,90

Sylt
Rezepte aus der Küstenküche
ISBN 978-3-937580-40-1
€ 6,90

Ostfriesland
Rezepte aus der Küstenküche
ISBN: 978-3-937580-59-3
€ 6,90

Tote Tante, Trümmertorte & Verdrehte Jungs **€ 6,90**
Torten und Kuchen
aus der Küstenküche
ISBN 978-3-937580-55-5

St. Peter-Ording
Rezepte aus der Küstenküche
ISBN 978-3-937580-63-0
€ 6,90

Bi uns to hus
Kochbuch der
Nordstrander Landfrauen
ISBN 3-923146-04-8
€ 9,00